JE VEUX ÊTRE TOUT CE QUE JE PEUX DEVENIR

Focus sur mes objectifs

Un journal pour

arrêter de procrastiner,

se concentrer sur l'essentiel

et

reprendre le contrôle de sa vie

Editions Bebeks

TABLE DES MATIÈRES

Remerciements
Merci à ma femme pour son aide, ses conseils précieux et sa patience.

Le Journal

JE VEUX ÊTRE TOUT
CE QUE
JE PEUX DEVENIR

Focus sur mes objectfis

La méthode
la plus rapide pour :

rester concentré sur l'essentiel

et faire le job !

SI VOUS TROUVEZ CE JOURNAL, MERCI DE LE
RETOURNER A :

NOM: ....

TELEPHONE: ....

EMAIL: ....

ADRESSE: ....

....

....

POURQUOI CE JOURNAL ?

En tant que Directeur Informatique durant 15 ans, j'ai été une personne très occupée mais pas forcément productive, et en règle générale, en fin de journée, malgré tout le travail effectué, je ressentais de la frustration avec le sentiment de ne rien contrôler.

Chaque jour, avant de commencer une journée intense, je produisais de longues TO-DO listes que j'arrivais rarement à terminer, j'achetais des agendas-planificateurs, ce qui me donnait l'impression d'être efficace, mais qui, au final, ne m'aidaient pas à me concentrer sur l'essentiel. Dans tous les cas, même en travaillant intensément, je ne trouvais jamais le temps pour faire les choses importantes, celles qui allaient me permettre d'avancer dans les projets clés de ma vie et de vivre une vie plus passionnante.

J'ai donc étudié diverses méthodes anglo-saxonnes d'organisation, d'optimisation du temps et des priorités, toutes basées sur des recherches scientifiques et comportementales, j'ai même suivi deux coachings personnels dans le but de moins me sentir dépassé et de me concentrer sur les tâches essentielles.

J'ai donc pu tester ces stratégies tant sur mes projets personnels que professionnels. J'ai notamment pris le contrôle sur ma santé en la faisant passer en priorité, en trouvant du temps pour l'améliorer en reprenant une activité physique ciblée et en adaptant mon régime alimentaire à ma pathologie (ce qui nécessite planification, gestion des priorités et préparation).

C'est à partir de ces enseignements et constats que j'ai décidé de créer un journal planificateur que j'utilise ainsi que mon entourage, et j'ai eu envie de le partager avec vous. Si ça a marché pour moi et mes proches, pourquoi pas pour vous !

Ce que je vous propose est une méthode simple basée sur le résultat de ces recherches et de mon expérience, qui vous permettra de reprendre le contrôle de vos journées, de votre temps et de votre vie !

Vous allez planifier chaque jour de la semaine, de façon guidée, ludique et différente de ce que vous avez pu voir jusqu'à aujourd'hui. Ce n'est pas un agenda basique, mais un véritable outil qui vous permettra d'organiser votre journée de façon claire. Il vous aidera à définir les bonnes priorités, à poser des objectifs atteignables mais aussi des limites. Vous pourrez conserver le bon équilibre entre sphère professionnelle et personnelle, commencer votre introspection, et sortir de votre zone de confort.

Expérimentez,

Prêt,

Partez !

Gardez l'esprit ouvert

Cassez vos habitudes et sortez de votre zone de confort

COMMENT UTILISER CE JOURNAL ?

Grâce à ce journal, vous pourrez organiser vos journées et semaines de manière optimisée en vous posant les bonnes questions sur vos priorités, sur votre état d'esprit et en définissant des objectifs. Pour la définition d'objectifs réalistes et atteignables je vous invite à suivre la méthode **S.M.A.R.T.**

SMART est un moyen mnémotechnique permettant de décrire les objectifs que l'on veut exprimer de façon la plus claire, la plus simple à comprendre et pour lesquels les résultats sont réalisables. Par cette méthode, vous vous assurez que vos objectifs respectent les 5 indicateurs suivants : Spécifique, Mesurable, Atteignable, Réaliste, Délimité dans le temps.

Outre la définition de vos objectifs, il est également primordial de choisir les bonnes actions ou tâches qui vont rythmer vos journées, semaines et mois. Ce choix n'est pas toujours évident.

Pour vous aider à compléter votre jounal et à en tirer le maximum de bénéfices, vous pouvez utiliser par exemple la matrice Eisenhower : une matrice qui va vous aider à définir les bonnes priorités entre ce qui est plus ou moins important et plus ou moins urgent.

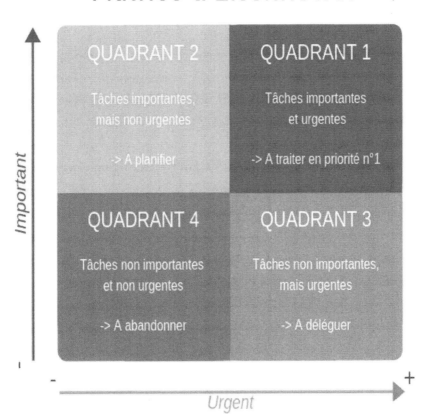

En résumé ce journal a été conçu pour vous aider à :

- réaliser vos projets
- atteindre vos objectifs
- et enfin ne plus procrastiner !

Grâce à lui vous reprendrez le contrôle de votre vie en retrouvant le bon équilibre entre vie professionnelle et personnelle, en vous focalisant sur les tâches essentielles.

Vous achèverez chaque journée avec le sentiment du devoir accompli, ce qui vous apportera énergie et bien-être.

Vous pourrez grâce à lui, développer chaque jour un peu plus votre esprit de décision, votre discipline ainsi que votre détermination.

Dernier point, à la fin du journal, vous trouverez une section regroupant diverses rubriques (Santé, Cadeaux, Alimentation, Maison, …) dans lesquelles vous pourrez noter les choses que vous aimeriez faire/acheter dans un futur proche mais pas encore déterminé.

Pourquoi une telle section ? Cela vous libèrera l'esprit et renforcera votre sentiment de contrôle, et au moment voulu, vous n'aurez qu'à vous référer à ces rubriques !

Vous aurez à portée de main toutes les choses importantes de votre vie !

UN JOURNAL QUI VA CHANGER VOTRE VIE

Ce journal a été conçu en utilisant des résultats de recherches scientifiques comportementales et des retours d'expérience; il va VOUS aider à devenir la meilleure version de vous-même !

Souvent, sans le savoir, vous avez des blocages qui vous empêchent de vivre pleinement votre vie, d'avancer de manière déterminée.

Ce journal va vous montrer de manière simple comment déverrouiller tout cela afin de reprendre le contrôle sur votre vie et progresser sur les objectifs qui comptent réellement pour VOUS.

Le résultat :

Fierté du devoir accompli, passion dans ce que vous faites et confiance en vous

N'oubliez jamais une chose:

ALWAYS MAKE TIME FOR YOU!*

*(Toujours prendre du temps pour VOUS!)

UN JOURNAL POUR RÉVÉLER TOUT VOTRE POTENTIEL

 JE CONTROLE MA VIE

Avec ce journal, votre TO-DO liste ne vous pilotera plus et vous resterez en « contrôle » des choses importantes à faire. Ne terminez plus une journée sans savoir où est passé votre temps en apprenant une technique simple, issue de la recherche, afin de vous recentrer sur ce qui compte vraiment. C'est le secret pour être en contrôle.

 JE FAIS LE JOB

En étant concentré sur ce qui compte, vous n'allez pas simplement en abattre plus, vous allez aussi en abattre plus en moins de temps. Ce qui signifie que vous aurez plus de temps de qualité pour vous.

Votre vie est trop importante pour procrastiner !

Investissez un tout petit peu de temps ici, dans ce journal, chaque jour, et en retour vous allez changer d'état d'esprit.

 UNE CONFIANCE DE STAR

La confiance en VOUS est une qualité que vous pouvez développer. Et ce n'est pas si compliqué, il faut adopter une routine. Chaque jour, ce journal va vous permettre d'accomplir vos objectifs et de sortir de votre zone de confort, ce qui va générer en vous un sentiment de devoir accompli, de fierté, et développer votre estime de soi.

UNE VIE PLUS PASSIONNANTE

Vous voulez vivre une vie plus passionnante?

Arrêtez de vous focaliser sur les choses peu importantes qui drainent votre énergie. Ce journal va vous montrer de manière ludique comment identifier les choses qui vont remonter vos niveaux d'énergie.

ETRE HEUREUX

L'humeur en début de journée va impacter tout le reste de la journée. C'est pourquoi, une section de ce journal est là pour « booster » votre humeur. Cela vous rendra plus heureux et plus positif tout au long de votre journée et générera des effets bénéfiques à long terme.

PRÉPARER MON MOIS IDÉAL

CE MOIS-CI MON OBJECTIF PRINCIPAL POUR MA VIE **PERSO** :

1

- Préparer surprise avec les amis pour anniversaire de ma femme avant le 22/04
- M'inscrire à la salle de gym pour Cross Training avant le 07/04 et y aller 3 fois par semaine

EN QUOI C'EST IMPORTANT POUR MOI ?

2

Montrer à ma femme qu'elle compte en lui faisant une surprise
Pour le sport, me sentir mieux en évacuant le stress, être + tonique

QUELLES SONT LES ACTIONS CLÉS A RÉALISER?

3

- Anniv: Contacter amis, proposer 2 dates, définir le lieu, cadeau
- Sport: Trouver salle avec bons horaires, pas loin, dans budget et bloquer 3 fois par semaine un créneau pour y aller

CE MOIS-CI MON OBJECTIF PRINCIPAL POUR MA VIE **PRO** :

4

- PLanifier mon changement de Job avant la fin du mois pour commencer mes recherches début mai. Mon but est d'avoir
- changé de job en Octobre au plus tard

EN QUOI C'EST IMPORTANT POUR MOI ?

Je veux plus de temps pour ma famille et un salaire de +10%

QUELLES SONT LES ACTIONS CLÉS A RÉALISER?

- Identifier des entreprises cibles, mettre à jour CV, préparer entretiens avec argumentaire
-

UNE APPROCHE ETAPE PAR ETAPE

DEFINIR SES OBJECTIFS PERSONNELS

1 Pour réussir à aller quelque part, il est impératif de savoir comment y aller. Si tu veux avancer de manière certaine et te sentir mieux, définis chaque mois le ou les deux objectifs personnels importants que tu veux atteindre à la fin du mois. Je te conseille d'utiliser la méthode SMART pour valider tes objectifs.

2 Exprimer pourquoi la réalisation de ton/tes objectif(s) a du sens pour toi car cela va décupler ton énergie pour y arriver et maximiser tes chances de réussite. Verbaliser pourquoi on veut y arriver est la clé.

3 Dans cette section commence à décrire les actions générales nécessaires à la réalisation de ton/tes objectif(s). Ensuite dans les semaines et jours qui suivront tu iras plus dans le détail et tu mesureras tes progrès.

DEFINIR SES OBJECTIFS PROFESSIONNELS

4 Applique la même méthode qu'au point **1** mais cette fois-ci pour ton/tes objectif(s) professionnels. Choisis au maximum deux objectifs importants et concentrent toi sur leur réalisation.

5 Comme au point **2** identifie l'importance de cet objectif pour toi (que vas-tu gagner à le réaliser en priorité ?)

6 Décris les actions principales pour réaliser ton/tes objectif(s). Si tu le peux, détermine déjà des dates de fin pour chaque action

PRÉPARER MA JOURNÉE IDÉALE

Ou comment utiliser mon agenda

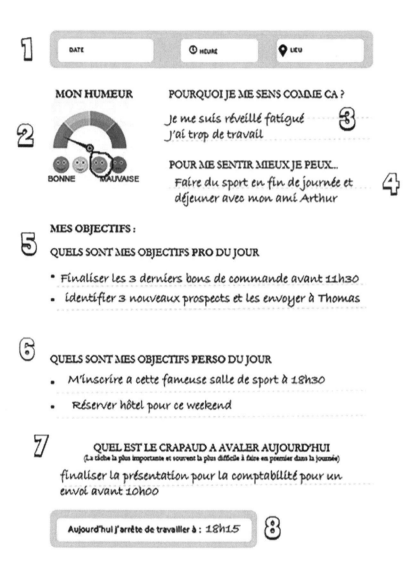

1

DATE | HEURE | LIEU

2

MON HUMEUR

BONNE — MAUVAISE

POURQUOI JE ME SENS COMME CA ?

Je me suis réveillé fatigué
J'ai trop de travail

3

POUR ME SENTIR MIEUX JE PEUX...

Faire du sport en fin de journée et
déjeuner avec mon ami Arthur

4

5

MES OBJECTIFS :

QUELS SONT MES OBJECTIFS PRO DU JOUR

- *Finaliser les 3 derniers bons de commande avant 11h30*
- *Identifier 3 nouveaux prospects et les envoyer à Thomas*

6

QUELS SONT MES OBJECTIFS PERSO DU JOUR

- *M'inscrire a cette fameuse salle de sport à 18h30*
- *Réserver hôtel pour ce weekend*

7

QUEL EST LE CRAPAUD A AVALER AUJOURD'HUI
(La tâche la plus importante et souvent la plus difficile à faire en premier dans la journée)

finaliser la présentation pour la comptabilité pour un
envoi avant 10h00

Aujourd'hui j'arrête de travailler à : 18h15   **8**

1 Note la date, l'année, le lieu et l'heure pour te rappeler de ce moment.

2 Cercle ton niveau d'énergie. A gauche de la jauge tu es de bonne humeur, et à droite tu es de mauvaise humeur.

3 Décris ton niveau d'énergie pour clarifier ce qui t'arrive. Pourquoi est-ce important ? Pour identifier des habitudes qui pourraient abaisser ou relever ton niveau d'énergie/humeur. Pense à ce que tu as pu faire la veille, ton diner ou l'alcool que tu as pu prendre, une dispute, une mauvaise nuit...

4 Il faut aller de l'avant et neutraliser ta mauvaise humeur, ton manque d'énergie. Pense à ce qui pourrait te ressourcer, t'apaiser, te faire sentir mieux. Au fil du temps tu sauras quoi faire pour aller mieux dans telle ou telle circonstance.

5 Avant de commencer à travailler il est important d'identifier les objectifs professionnels essentiels de ta journée. Pour te projeter en les ayant achevé d'une part, et pour les prioriser d'autre part.

6 Ne néglige jamais la définition de tes objectifs personnels du jour, donne-leur une priorité haute. Des études montrent que d'identifier « Pourquoi cet objectif compte pour moi ? » aide à le compléter plus facilement. Et le fait de progresser sur cet objectif va booster ton humeur.

7 Identifie la tâche que tu as repoussé la veille, que tu n'as pas envie de faire, mais qui est très importante et qui nécessite une certaine concentration. Commence ta journée par elle avant même de consulter tes e-mails.

8 Il est important de déterminer en début de journée l'heure à laquelle tu prévois te terminer ta journée de travail. Les recherches montrent qu'on est plus performant en suivant ce concept et qu'on a beaucoup plus de chances de terminer à l'heure car notre cerveau va faire en sorte de prioriser ce qui est important.

PRÉPARER MA JOURNÉE IDÉALE

LES INCONTOURNABLES

1

Courses; Fruits, avocats, beurre et essuie-tout

A faire:
Appeler contrôle technique voiture
Payer impôts
Virement PayPal Paul

Pressing

MON PLAN DU JOUR

Planifier les tâches importantes

2

7.00	
8.00	
9.00	Planifier ma journée
10.00	Appel Clients
11.00	RDV Comptable
12.00	
13.00	Déjeuner Arthur
14.00	
15.00	Terminer présentation Eva
16.00	
17.00	
18.00	Stop travail
19.00	Salle de Gym

BILAN DE MA JOURNEE

Ai-je réussi à terminer mes objectifs ? Pourquoi ? **3**
Non, je n'ai pas terminé la présentation pour Eva car j'ai eu deux appels imprévus
Quelle est la priorité de demain ? **4**
Terminer présentation Eva et rappeler mon comptable

MON RAYON DE SOLEIL

MON KIF DU JOUR : **5**
J'ai revu un viel ami de la Fac

POUR QUI/QUOI SUIS-JE RECONNAISSANT ? (Ici et Maintenant) **6**
Ma femme pour sa patience avec moi au téléphone

1 Note dans cette partie les petites choses qui t'occupent l'esprit mais qui sont nécessaires. Ces choses qui, si tu ne les notes pas vont te polluer l'esprit et t'empêcher de te concentrer sur l'essentiel, tes objectifs...

2 Note ici seulement les tâches importantes que tu désires accomplir, pas les détails.

3 Il est temps de faire le bilan de ta journée et d'identifier ce que tu n'as pas pu achever et pourquoi. Quels ont été les obstacles ?
Cela te permettra de détecter une mauvaise habitude (par exemple un collègue qui vient tous les jours prendre son café à ton bureau pendant 20 minutes pour râler ou te raconter des banalités), une tendance à sous-estimer le temps nécessaire à l'accomplissement de tes objectifs, …

4 Tu dois surement avoir en tête une tâche prioritaire à faire pour demain et/ou un objectif que tu n'as pas pu compléter aujourd'hui, non ?

5 & **6** Des études anglo-saxonnes montrent que pour apprécier au mieux une journée et garder un bon niveau d'énergie il faut savoir faire deux choses :
Apprécier une chose qui nous a procuré de la joie, du plaisir, du bien-être, ou de l'excitation. Cela peut être une toute petite chose comme une rencontre fortuite par exemple; mais il est important de l'identifier.
Ce sera TON KIF du jour !

Ensuite identifier pour qui ou pour quoi je suis reconnaissant, à cet instant précis. Cela peut être un simple sourire d'un /une inconnue, l'appel que je viens de recevoir d'un parent ou ami, un coucher de soleil, …
C'est ce qu'on appelle exprimer sa gratitude. Selon Robert Emmons, psychologue américain, en exprimant votre gratitude envers la vie en général et aux autres, vous prenez soin de vous.

ON COMMENCE !

L'EXPERIENCE C'EST LE NOM QUE L'ON DONNE A NOS ERREURS

(OSCAR WILDE)

****

« EN SUBSTANCE, SI NOUS VOULONS DIRIGER NOS VIES, NOUS DEVONS PRENDRE LE CONTRÔLE DE NOS ACTIONS. CE N'EST PAS CE QUE NOUS FAISONS DE TEMPS EN TEMPS QUI FAÇONNE NOS VIES, MAIS CE QUE NOUS FAISONS AVEC REGULARITE. »

TONY ROBBINS

CE MOIS-CI MON OBJECTIF PRINCIPAL POUR MA VIE **PERSO :**

-
-

EN QUOI C'EST IMPORTANT POUR MOI ?

QUELLES SONT LES ACTIONS CLÉS A RÉALISER?

-
-

CE MOIS-CI MON OBJECTIF PRINCIPAL POUR MA VIE **PRO :**

-
-

EN QUOI C'EST IMPORTANT POUR MOI ?

QUELLES SONT LES ACTIONS CLÉS A RÉALISER?

-
-

DATE	⏱ HEURE	◉ LIEU

MON HUMEUR

POURQUOI JE ME SENS COMME CA ?

POUR ME SENTIR MIEUX JE PEUX...

MES OBJECTIFS :

QUELS SONT MES OBJECTIFS **PRO** DU JOUR

-
-

QUELS SONT MES OBJECTIFS **PERSO** DU JOUR

-
-

QUEL EST LE CRAPAUD A AVALER AUJOURD'HUI
(La tâche la plus importante et souvent la plus difficile à faire en premier dans la journée)

Aujourd'hui j'arrête de travailler à :

LES INCONTOURNABLES

MON PLAN DU JOUR

Planifier les tâches importantes

7.00

8.00

9.00

10.00

11.00

12.00

13.00

14.00

15.00

16.00

17.00

18.00

19.00

BILAN DE MA JOURNEE

Ai-je réussi à terminer mes objectifs ? Pourquoi ?

Quelle est la priorité de demain ?

MON RAYON DE SOLEIL

MON KIF DU JOUR :

POUR QUI/QUOI SUIS-JE RECONNAISSANT ? (Ici et Maintenant)

25

DATE	🕐 HEURE	📍 LIEU

MON HUMEUR

POURQUOI JE ME SENS COMME CA ?

POUR ME SENTIR MIEUX JE PEUX...

MES OBJECTIFS :

QUELS SONT MES OBJECTIFS **PRO** DU JOUR

-
-

QUELS SONT MES OBJECTIFS **PERSO** DU JOUR

-
-

QUEL EST LE CRAPAUD A AVALER AUJOURD'HUI
(La tâche la plus importante et souvent la plus difficile à faire en premier dans la journée)

Aujourd'hui j'arrête de travailler à :

LES INCONTOURNABLES	MON PLAN DU JOUR

Planifier les tâches importantes

7.00

8.00

9.00

10.00

11.00

12.00

13.00

14.00

15.00

16.00

17.00

18.00

19.00

BILAN DE MA JOURNEE

Ai-je réussi à terminer mes objectifs ? Pourquoi ?

Quelle est la priorité de demain ?

MON RAYON DE SOLEIL

MON KIF DU JOUR :

POUR QUI/QUOI SUIS-JE RECONNAISSANT ? (Ici et Maintenant)

MON HUMEUR

POURQUOI JE ME SENS COMME CA ?

BONNE   MAUVAISE

POUR ME SENTIR MIEUX JE PEUX...

MES OBJECTIFS :

QUELS SONT MES OBJECTIFS **PRO** DU JOUR

-
-

QUELS SONT MES OBJECTIFS **PERSO** DU JOUR

-
-

QUEL EST LE CRAPAUD A AVALER AUJOURD'HUI

(La tâche la plus importante et souvent la plus difficile à faire en premier dans la journée)

Aujourd'hui j'arrête de travailler à :

LES INCONTOURNABLES	MON PLAN DU JOUR

Planifier les tâches importantes

7.00

8.00

9.00

10.00

11.00

12.00

13.00

14.00

15.00

16.00

17.00

18.00

19.00

BILAN DE MA JOURNEE

Ai-je réussi à terminer mes objectifs ? Pourquoi ?

Quelle est la priorité de demain ?

MON RAYON DE SOLEIL

MON KIF DU JOUR :

POUR QUI/QUOI SUIS-JE RECONNAISSANT ? (Ici et Maintenant)

MON HUMEUR

BONNE   MAUVAISE

POURQUOI JE ME SENS COMME CA ?

POUR ME SENTIR MIEUX JE PEUX...

MES OBJECTIFS :

QUELS SONT MES OBJECTIFS **PRO** DU JOUR

-
-

QUELS SONT MES OBJECTIFS **PERSO** DU JOUR

-
-

QUEL EST LE CRAPAUD A AVALER AUJOURD'HUI

(La tâche la plus importante et souvent la plus difficile à faire en premier dans la journée)

Aujourd'hui j'arrête de travailler à :

LES INCONTOURNABLES	MON PLAN DU JOUR

Planifier les tâches importantes

7.00

8.00

9.00

10.00

11.00

12.00

13.00

14.00

15.00

16.00

17.00

18.00

19.00

BILAN DE MA JOURNEE

Ai-je réussi à terminer mes objectifs ? Pourquoi ?

Quelle est la priorité de demain ?

MON RAYON DE SOLEIL

MON KIF DU JOUR :

POUR QUI/QUOI SUIS-JE RECONNAISSANT ? (Ici et Maintenant)

DATE	HEURE	LIEU

MON HUMEUR

POURQUOI JE ME SENS COMME CA ?

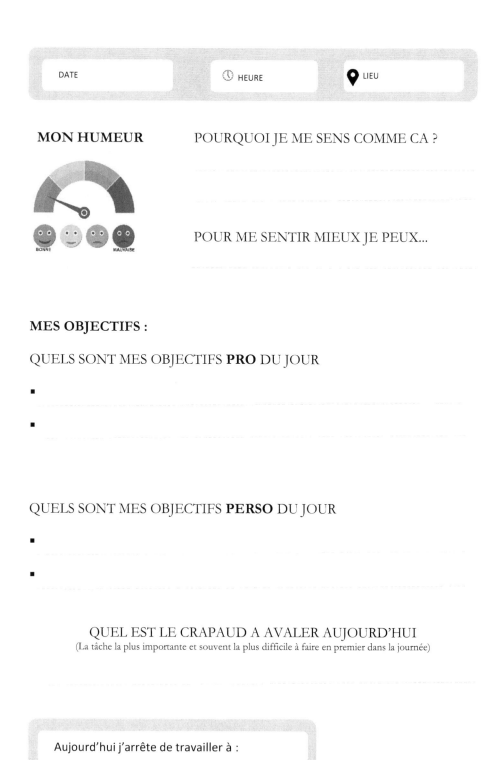

BONNE — MAUVAISE

POUR ME SENTIR MIEUX JE PEUX...

MES OBJECTIFS :

QUELS SONT MES OBJECTIFS **PRO** DU JOUR

-
-

QUELS SONT MES OBJECTIFS **PERSO** DU JOUR

-
-

QUEL EST LE CRAPAUD A AVALER AUJOURD'HUI
(La tâche la plus importante et souvent la plus difficile à faire en premier dans la journée)

Aujourd'hui j'arrête de travailler à :

LES INCONTOURNABLES

MON PLAN DU JOUR

Planifier les tâches importantes

7.00

8.00

9.00

10.00

11.00

12.00

13.00

14.00

15.00

16.00

17.00

18.00

19.00

BILAN DE MA JOURNEE

Ai-je réussi à terminer mes objectifs ? Pourquoi ?

Quelle est la priorité de demain ?

MON RAYON DE SOLEIL

MON KIF DU JOUR :

POUR QUI/QUOI SUIS-JE RECONNAISSANT ? (Ici et Maintenant)

ZONE LIBRE

Utilise cette zone pour une prise de notes, pour laisser aller ton côté créatif ou pour exprimer ton état d'esprit

MON HUMEUR

POURQUOI JE ME SENS COMME CA ?

POUR ME SENTIR MIEUX JE PEUX...

MES OBJECTIFS :

QUELS SONT MES OBJECTIFS **PRO** DU JOUR

-
-

QUELS SONT MES OBJECTIFS **PERSO** DU JOUR

-
-

QUEL EST LE CRAPAUD A AVALER AUJOURD'HUI
(La tâche la plus importante et souvent la plus difficile à faire en premier dans la journée)

Aujourd'hui j'arrête de travailler à :

LES INCONTOURNABLES

MON PLAN DU JOUR

Planifier les tâches importantes

7.00

8.00

9.00

10.00

11.00

12.00

13.00

14.00

15.00

16.00

17.00

18.00

19.00

BILAN DE MA JOURNEE

Ai-je réussi à terminer mes objectifs ? Pourquoi ?

Quelle est la priorité de demain ?

MON RAYON DE SOLEIL

MON KIF DU JOUR :

POUR QUI/QUOI SUIS-JE RECONNAISSANT ? (Ici et Maintenant)

MON HUMEUR

POURQUOI JE ME SENS COMME CA ?

POUR ME SENTIR MIEUX JE PEUX...

MES OBJECTIFS :

QUELS SONT MES OBJECTIFS **PRO** DU JOUR

-
-

QUELS SONT MES OBJECTIFS **PERSO** DU JOUR

-
-

QUEL EST LE CRAPAUD A AVALER AUJOURD'HUI
(La tâche la plus importante et souvent la plus difficile à faire en premier dans la journée)

Aujourd'hui j'arrête de travailler à :

LES INCONTOURNABLES	MON PLAN DU JOUR

Planifier les tâches importantes

7.00

8.00

9.00

10.00

11.00

12.00

13.00

14.00

15.00

16.00

17.00

18.00

19.00

BILAN DE MA JOURNEE

Ai-je réussi à terminer mes objectifs ? Pourquoi ?

Quelle est la priorité de demain ?

MON RAYON DE SOLEIL

MON KIF DU JOUR :

POUR QUI/QUOI SUIS-JE RECONNAISSANT ? (Ici et Maintenant)

DATE	🕐 HEURE	📍 LIEU

MON HUMEUR

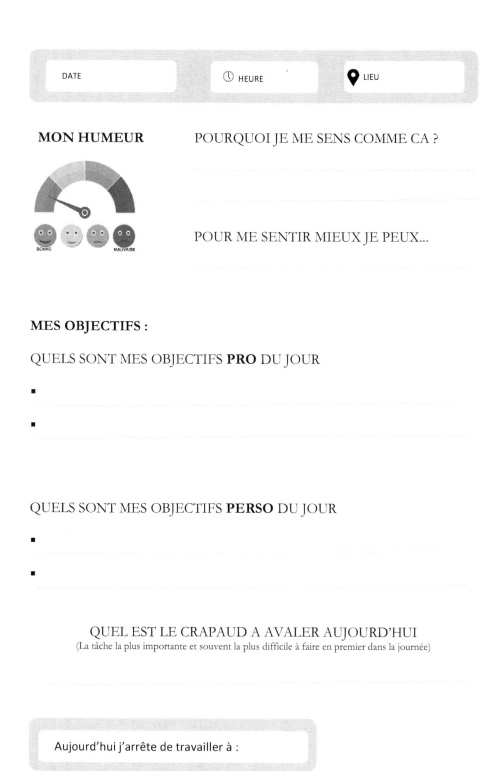

BONNE   MAUVAISE

POURQUOI JE ME SENS COMME CA ?

POUR ME SENTIR MIEUX JE PEUX...

MES OBJECTIFS :

QUELS SONT MES OBJECTIFS **PRO** DU JOUR

-
-

QUELS SONT MES OBJECTIFS **PERSO** DU JOUR

-
-

QUEL EST LE CRAPAUD A AVALER AUJOURD'HUI
(La tâche la plus importante et souvent la plus difficile à faire en premier dans la journée)

Aujourd'hui j'arrête de travailler à :

LES INCONTOURNABLES	MON PLAN DU JOUR

Planifier les tâches importantes

7.00

8.00

9.00

10.00

11.00

12.00

13.00

14.00

15.00

16.00

17.00

18.00

19.00

BILAN DE MA JOURNEE

Ai-je réussi à terminer mes objectifs ? Pourquoi ?

Quelle est la priorité de demain ?

MON RAYON DE SOLEIL

MON KIF DU JOUR :

POUR QUI/QUOI SUIS-JE RECONNAISSANT ? (Ici et Maintenant)

MON HUMEUR

BONNE — MAUVAISE

POURQUOI JE ME SENS COMME CA ?

POUR ME SENTIR MIEUX JE PEUX...

MES OBJECTIFS :

QUELS SONT MES OBJECTIFS **PRO** DU JOUR

-
-

QUELS SONT MES OBJECTIFS **PERSO** DU JOUR

-
-

QUEL EST LE CRAPAUD A AVALER AUJOURD'HUI
(La tâche la plus importante et souvent la plus difficile à faire en premier dans la journée)

Aujourd'hui j'arrête de travailler à :

LES INCONTOURNABLES	MON PLAN DU JOUR

Planifier les tâches importantes

7.00

8.00

9.00

10.00

11.00

12.00

13.00

14.00

15.00

16.00

17.00

18.00

19.00

BILAN DE MA JOURNEE

Ai-je réussi à terminer mes objectifs ? Pourquoi ?

Quelle est la priorité de demain ?

MON RAYON DE SOLEIL

MON KIF DU JOUR :

POUR QUI/QUOI SUIS-JE RECONNAISSANT ? (Ici et Maintenant)

| DATE | 🕐 HEURE | 📍 LIEU |

MON HUMEUR

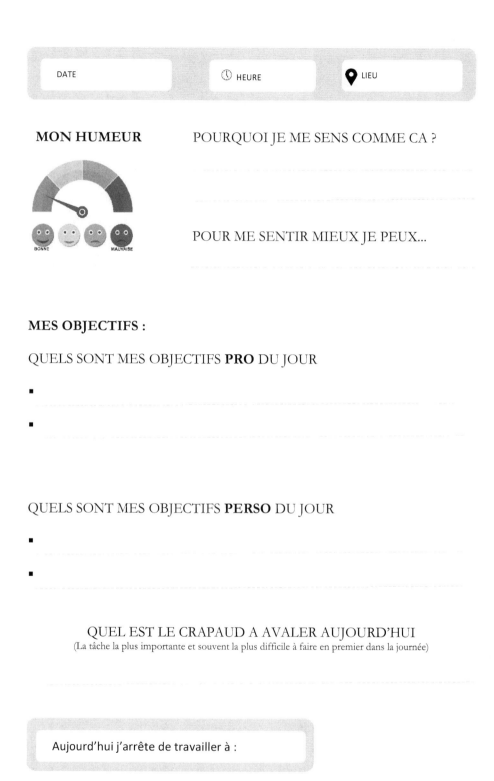

BONNE   MAUVAISE

POURQUOI JE ME SENS COMME CA ?

POUR ME SENTIR MIEUX JE PEUX...

MES OBJECTIFS :

QUELS SONT MES OBJECTIFS **PRO** DU JOUR

-
-

QUELS SONT MES OBJECTIFS **PERSO** DU JOUR

-
-

QUEL EST LE CRAPAUD A AVALER AUJOURD'HUI
(La tâche la plus importante et souvent la plus difficile à faire en premier dans la journée)

Aujourd'hui j'arrête de travailler à :

LES INCONTOURNABLES

MON PLAN DU JOUR

Planifier les tâches importantes

7.00

8.00

9.00

10.00

11.00

12.00

13.00

14.00

15.00

16.00

17.00

18.00

19.00

BILAN DE MA JOURNEE

Ai-je réussi à terminer mes objectifs ? Pourquoi ?

Quelle est la priorité de demain ?

MON RAYON DE SOLEIL

MON KIF DU JOUR :

POUR QUI/QUOI SUIS-JE RECONNAISSANT ? (Ici et Maintenant)

ZONE LIBRE

Utilise cette zone pour une prise de notes, pour laisser aller ton côté créatif ou pour exprimer ton état d'esprit

Fais que cette journée compte

DATE	⏱ HEURE	📍 LIEU

MON HUMEUR

POURQUOI JE ME SENS COMME CA ?

BONNE   MAUVAISE

POUR ME SENTIR MIEUX JE PEUX...

MES OBJECTIFS :

QUELS SONT MES OBJECTIFS **PRO** DU JOUR

-
-

QUELS SONT MES OBJECTIFS **PERSO** DU JOUR

-
-

QUEL EST LE CRAPAUD A AVALER AUJOURD'HUI
(La tâche la plus importante et souvent la plus difficile à faire en premier dans la journée)

Aujourd'hui j'arrête de travailler à :

LES INCONTOURNABLES	MON PLAN DU JOUR

Planifier les tâches importantes

7.00

8.00

9.00

10.00

11.00

12.00

13.00

14.00

15.00

16.00

17.00

18.00

19.00

BILAN DE MA JOURNEE

Ai-je réussi à terminer mes objectifs ? Pourquoi ?

Quelle est la priorité de demain ?

MON RAYON DE SOLEIL

MON KIF DU JOUR :

POUR QUI/QUOI SUIS-JE RECONNAISSANT ? (Ici et Maintenant)

MON HUMEUR

POURQUOI JE ME SENS COMME CA ?

POUR ME SENTIR MIEUX JE PEUX...

MES OBJECTIFS :

QUELS SONT MES OBJECTIFS **PRO** DU JOUR

■

■

QUELS SONT MES OBJECTIFS **PERSO** DU JOUR

■

■

QUEL EST LE CRAPAUD A AVALER AUJOURD'HUI
(La tâche la plus importante et souvent la plus difficile à faire en premier dans la journée)

Aujourd'hui j'arrête de travailler à :

LES INCONTOURNABLES	MON PLAN DU JOUR

Planifier les tâches importantes

7.00

8.00

9.00

10.00

11.00

12.00

13.00

14.00

15.00

16.00

17.00

18.00

19.00

BILAN DE MA JOURNEE

Ai-je réussi à terminer mes objectifs ? Pourquoi ?

Quelle est la priorité de demain ?

MON RAYON DE SOLEIL

MON KIF DU JOUR :

POUR QUI/QUOI SUIS-JE RECONNAISSANT ? (Ici et Maintenant)

MON HUMEUR

POURQUOI JE ME SENS COMME CA ?

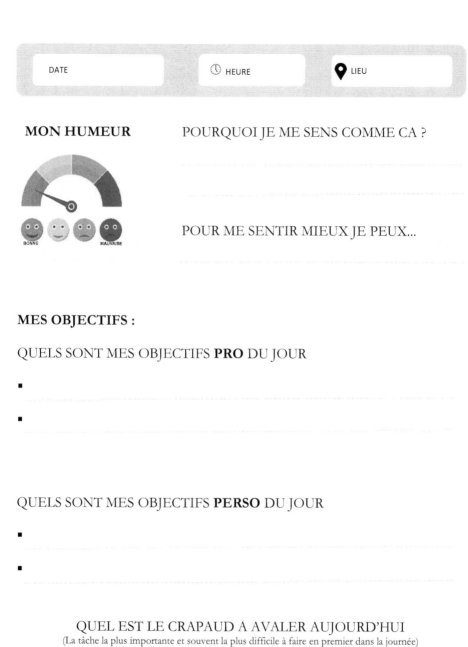

BONNE   MAUVAISE

POUR ME SENTIR MIEUX JE PEUX...

MES OBJECTIFS :

QUELS SONT MES OBJECTIFS **PRO** DU JOUR

-

-

QUELS SONT MES OBJECTIFS **PERSO** DU JOUR

-

-

QUEL EST LE CRAPAUD A AVALER AUJOURD'HUI
(La tâche la plus importante et souvent la plus difficile à faire en premier dans la journée)

Aujourd'hui j'arrête de travailler à :

LES INCONTOURNABLES	MON PLAN DU JOUR

Planifier les tâches importantes

7.00

8.00

9.00

10.00

11.00

12.00

13.00

14.00

15.00

16.00

17.00

18.00

19.00

BILAN DE MA JOURNEE

Ai-je réussi à terminer mes objectifs ? Pourquoi ?

Quelle est la priorité de demain ?

MON RAYON DE SOLEIL

MON KIF DU JOUR :

POUR QUI/QUOI SUIS-JE RECONNAISSANT ? (Ici et Maintenant)

MON HUMEUR   POURQUOI JE ME SENS COMME CA ?

POUR ME SENTIR MIEUX JE PEUX...

MES OBJECTIFS :

QUELS SONT MES OBJECTIFS **PRO** DU JOUR

-

-

QUELS SONT MES OBJECTIFS **PERSO** DU JOUR

-

-

QUEL EST LE CRAPAUD A AVALER AUJOURD'HUI
(La tâche la plus importante et souvent la plus difficile à faire en premier dans la journée)

Aujourd'hui j'arrête de travailler à :

LES INCONTOURNABLES

MON PLAN DU JOUR

Planifier les tâches importantes

7.00

8.00

9.00

10.00

11.00

12.00

13.00

14.00

15.00

16.00

17.00

18.00

19.00

BILAN DE MA JOURNEE

Ai-je réussi à terminer mes objectifs ? Pourquoi ?

Quelle est la priorité de demain ?

MON RAYON DE SOLEIL

MON KIF DU JOUR :

POUR QUI/QUOI SUIS-JE RECONNAISSANT ? (Ici et Maintenant)

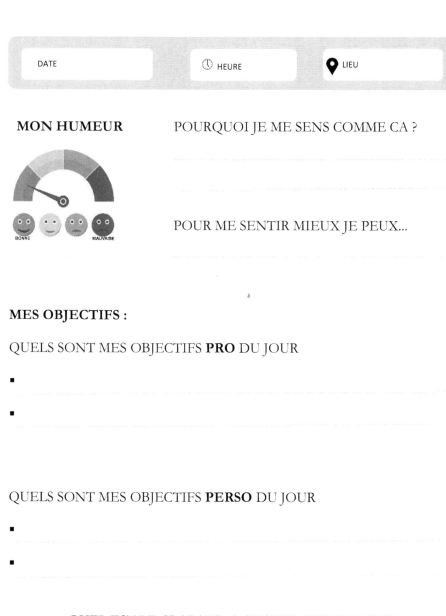

| DATE | HEURE | LIEU |

MON HUMEUR

POURQUOI JE ME SENS COMME CA ?

BONNE   MAUVAISE

POUR ME SENTIR MIEUX JE PEUX...

MES OBJECTIFS :

QUELS SONT MES OBJECTIFS **PRO** DU JOUR

-
-

QUELS SONT MES OBJECTIFS **PERSO** DU JOUR

-
-

QUEL EST LE CRAPAUD A AVALER AUJOURD'HUI
(La tâche la plus importante et souvent la plus difficile à faire en premier dans la journée)

Aujourd'hui j'arrête de travailler à :

LES INCONTOURNABLES

MON PLAN DU JOUR

Planifier les tâches importantes

7.00

8.00

9.00

10.00

11.00

12.00

13.00

14.00

15.00

16.00

17.00

18.00

19.00

BILAN DE MA JOURNEE

Ai-je réussi à terminer mes objectifs ? Pourquoi ?

Quelle est la priorité de demain ?

MON RAYON DE SOLEIL

MON KIF DU JOUR :

POUR QUI/QUOI SUIS-JE RECONNAISSANT ? (Ici et Maintenant)

ZONE LIBRE

Utilise cette zone pour une prise de notes, pour laisser aller ton côté créatif ou pour exprimer ton état d'esprit

Fais que cette journée compte

DATE	⏱ HEURE	📍 LIEU

MON HUMEUR

POURQUOI JE ME SENS COMME CA ?

BONNE   MAUVAISE

POUR ME SENTIR MIEUX JE PEUX...

MES OBJECTIFS :

QUELS SONT MES OBJECTIFS **PRO** DU JOUR

-
-

QUELS SONT MES OBJECTIFS **PERSO** DU JOUR

-
-

QUEL EST LE CRAPAUD A AVALER AUJOURD'HUI
(La tâche la plus importante et souvent la plus difficile à faire en premier dans la journée)

Aujourd'hui j'arrête de travailler à :

LES INCONTOURNABLES	MON PLAN DU JOUR

Planifier les tâches importantes

7.00

8.00

9.00

10.00

11.00

12.00

13.00

14.00

15.00

16.00

17.00

18.00

19.00

BILAN DE MA JOURNEE

Ai-je réussi à terminer mes objectifs ? Pourquoi ?

Quelle est la priorité de demain ?

MON RAYON DE SOLEIL

MON KIF DU JOUR :

POUR QUI/QUOI SUIS-JE RECONNAISSANT ? (Ici et Maintenant)

MON HUMEUR

POURQUOI JE ME SENS COMME CA ?

POUR ME SENTIR MIEUX JE PEUX...

MES OBJECTIFS :

QUELS SONT MES OBJECTIFS **PRO** DU JOUR

-
-

QUELS SONT MES OBJECTIFS **PERSO** DU JOUR

-
-

QUEL EST LE CRAPAUD A AVALER AUJOURD'HUI
(La tâche la plus importante et souvent la plus difficile à faire en premier dans la journée)

Aujourd'hui j'arrête de travailler à :

LES INCONTOURNABLES

MON PLAN DU JOUR

Planifier les tâches importantes

7.00

8.00

9.00

10.00

11.00

12.00

13.00

14.00

15.00

16.00

17.00

18.00

19.00

BILAN DE MA JOURNEE

Ai-je réussi à terminer mes objectifs ? Pourquoi ?

Quelle est la priorité de demain ?

MON RAYON DE SOLEIL

MON KIF DU JOUR :

POUR QUI/QUOI SUIS-JE RECONNAISSANT ? (Ici et Maintenant)

MON HUMEUR

POURQUOI JE ME SENS COMME CA ?

BONNE MAUVAISE

POUR ME SENTIR MIEUX JE PEUX...

MES OBJECTIFS :

QUELS SONT MES OBJECTIFS **PRO** DU JOUR

-
-

QUELS SONT MES OBJECTIFS **PERSO** DU JOUR

-
-

QUEL EST LE CRAPAUD A AVALER AUJOURD'HUI

(La tâche la plus importante et souvent la plus difficile à faire en premier dans la journée)

Aujourd'hui j'arrête de travailler à :

LES INCONTOURNABLES

MON PLAN DU JOUR

Planifier les tâches importantes

7.00

8.00

9.00

10.00

11.00

12.00

13.00

14.00

15.00

16.00

17.00

18.00

19.00

BILAN DE MA JOURNEE

Ai-je réussi à terminer mes objectifs ? Pourquoi ?

Quelle est la priorité de demain ?

MON RAYON DE SOLEIL

MON KIF DU JOUR :

POUR QUI/QUOI SUIS-JE RECONNAISSANT ? (Ici et Maintenant)

MON HUMEUR

POURQUOI JE ME SENS COMME CA ?

BONNE · MAUVAISE

POUR ME SENTIR MIEUX JE PEUX...

MES OBJECTIFS :

QUELS SONT MES OBJECTIFS **PRO** DU JOUR

-
-

QUELS SONT MES OBJECTIFS **PERSO** DU JOUR

-
-

QUEL EST LE CRAPAUD A AVALER AUJOURD'HUI

(La tâche la plus importante et souvent la plus difficile à faire en premier dans la journée)

Aujourd'hui j'arrête de travailler à :

LES INCONTOURNABLES

MON PLAN DU JOUR

Planifier les tâches importantes

7.00

8.00

9.00

10.00

11.00

12.00

13.00

14.00

15.00

16.00

17.00

18.00

19.00

BILAN DE MA JOURNEE

Ai-je réussi à terminer mes objectifs ? Pourquoi ?

Quelle est la priorité de demain ?

MON RAYON DE SOLEIL

MON KIF DU JOUR :

POUR QUI/QUOI SUIS-JE RECONNAISSANT ? (Ici et Maintenant)

MON HUMEUR

POURQUOI JE ME SENS COMME CA ?

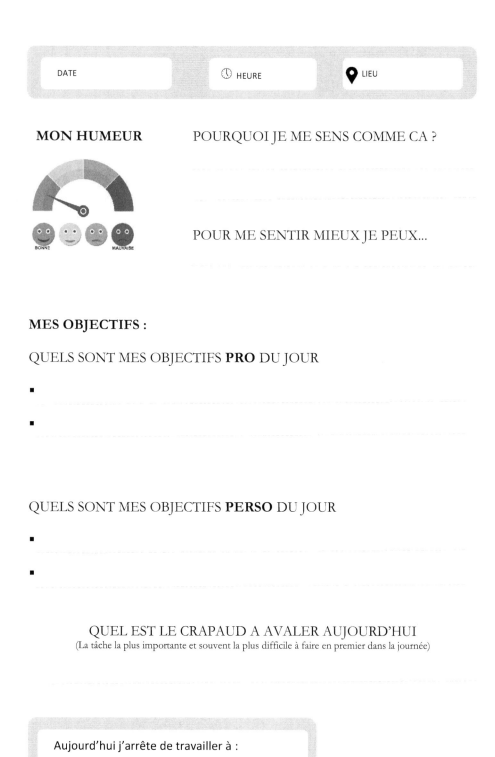

POUR ME SENTIR MIEUX JE PEUX...

MES OBJECTIFS :

QUELS SONT MES OBJECTIFS **PRO** DU JOUR

-

-

QUELS SONT MES OBJECTIFS **PERSO** DU JOUR

-

-

QUEL EST LE CRAPAUD A AVALER AUJOURD'HUI
(La tâche la plus importante et souvent la plus difficile à faire en premier dans la journée)

Aujourd'hui j'arrête de travailler à :

LES INCONTOURNABLES

MON PLAN DU JOUR

Planifier les tâches importantes

7.00

8.00

9.00

10.00

11.00

12.00

13.00

14.00

15.00

16.00

17.00

18.00

19.00

BILAN DE MA JOURNEE

Ai-je réussi à terminer mes objectifs ? Pourquoi ?

Quelle est la priorité de demain ?

MON RAYON DE SOLEIL

MON KIF DU JOUR :

POUR QUI/QUOI SUIS-JE RECONNAISSANT ? (Ici et Maintenant)

ZONE LIBRE

Utilise cette zone pour une prise de notes, pour laisser aller ton côté créatif ou pour exprimer ton état d'esprit

ON CONTINUE !

LE JOUR OU TU PLANTES LA GRAINE
N'EST JAMAIS LE JOUR OU TU
RECOLTES LE FRUIT

PLAN DU MOIS

CE MOIS-CI MON OBJECTIF PRINCIPAL POUR MA VIE **PERSO :**

-
-

EN QUOI C'EST IMPORTANT POUR MOI ?

QUELLES SONT LES ACTIONS CLÉS A RÉALISER?

-
-

CE MOIS-CI MON OBJECTIF PRINCIPAL POUR MA VIE **PRO :**

-
-

EN QUOI C'EST IMPORTANT POUR MOI ?

QUELLES SONT LES ACTIONS CLÉS A RÉALISER?

-
-

DATE	HEURE	LIEU

MON HUMEUR

POURQUOI JE ME SENS COMME CA ?

POUR ME SENTIR MIEUX JE PEUX...

MES OBJECTIFS :

QUELS SONT MES OBJECTIFS **PRO** DU JOUR

-
-

QUELS SONT MES OBJECTIFS **PERSO** DU JOUR

-
-

QUEL EST LE CRAPAUD A AVALER AUJOURD'HUI
(La tâche la plus importante et souvent la plus difficile à faire en premier dans la journée)

Aujourd'hui j'arrête de travailler à :

LES INCONTOURNABLES	MON PLAN DU JOUR

Planifier les tâches importantes

7.00

8.00

9.00

10.00

11.00

12.00

13.00

14.00

15.00

16.00

17.00

18.00

19.00

BILAN DE MA JOURNEE

Ai-je réussi à terminer mes objectifs ? Pourquoi ?

Quelle est la priorité de demain ?

MON RAYON DE SOLEIL

MON KIF DU JOUR :

POUR QUI/QUOI SUIS-JE RECONNAISSANT ? (Ici et Maintenant)

MON HUMEUR

POURQUOI JE ME SENS COMME CA ?

BONNE   MAUVAISE

POUR ME SENTIR MIEUX JE PEUX...

MES OBJECTIFS :

QUELS SONT MES OBJECTIFS **PRO** DU JOUR

-
-

QUELS SONT MES OBJECTIFS **PERSO** DU JOUR

-
-

QUEL EST LE CRAPAUD A AVALER AUJOURD'HUI
(La tâche la plus importante et souvent la plus difficile à faire en premier dans la journée)

Aujourd'hui j'arrête de travailler à :

LES INCONTOURNABLES	MON PLAN DU JOUR

Planifier les tâches importantes

7.00

8.00

9.00

10.00

11.00

12.00

13.00

14.00

15.00

16.00

17.00

18.00

19.00

BILAN DE MA JOURNEE

Ai-je réussi à terminer mes objectifs ? Pourquoi ?

Quelle est la priorité de demain ?

MON RAYON DE SOLEIL

MON KIF DU JOUR :

POUR QUI/QUOI SUIS-JE RECONNAISSANT ? (Ici et Maintenant)

MON HUMEUR

POURQUOI JE ME SENS COMME CA ?

BONNE | MAUVAISE

POUR ME SENTIR MIEUX JE PEUX...

MES OBJECTIFS :

QUELS SONT MES OBJECTIFS **PRO** DU JOUR

-
-

QUELS SONT MES OBJECTIFS **PERSO** DU JOUR

-
-

QUEL EST LE CRAPAUD A AVALER AUJOURD'HUI

(La tâche la plus importante et souvent la plus difficile à faire en premier dans la journée)

Aujourd'hui j'arrête de travailler à :

LES INCONTOURNABLES

MON PLAN DU JOUR

Planifier les tâches importantes

7.00

8.00

9.00

10.00

11.00

12.00

13.00

14.00

15.00

16.00

17.00

18.00

19.00

BILAN DE MA JOURNEE

Ai-je réussi à terminer mes objectifs ? Pourquoi ?

Quelle est la priorité de demain ?

MON RAYON DE SOLEIL

MON KIF DU JOUR :

POUR QUI/QUOI SUIS-JE RECONNAISSANT ? (Ici et Maintenant)

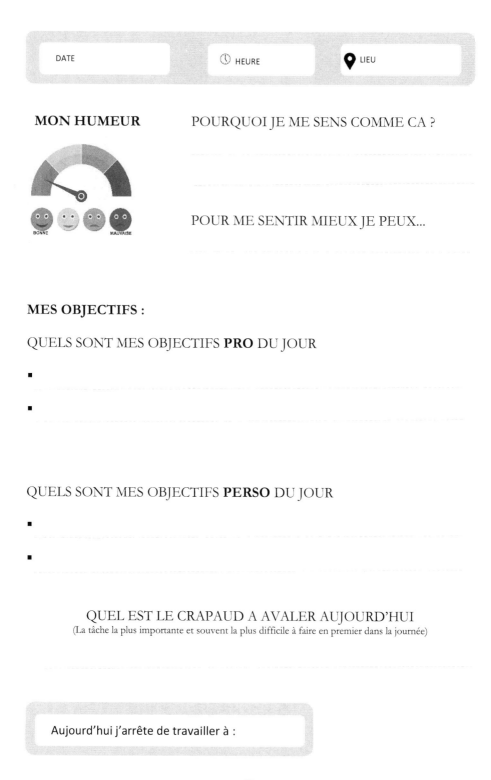

| DATE | ⏱ HEURE | 📍 LIEU |

MON HUMEUR

POURQUOI JE ME SENS COMME CA ?

BONNE   MAUVAISE

POUR ME SENTIR MIEUX JE PEUX...

MES OBJECTIFS :

QUELS SONT MES OBJECTIFS **PRO** DU JOUR

-
-

QUELS SONT MES OBJECTIFS **PERSO** DU JOUR

-
-

QUEL EST LE CRAPAUD A AVALER AUJOURD'HUI
(La tâche la plus importante et souvent la plus difficile à faire en premier dans la journée)

Aujourd'hui j'arrête de travailler à :

LES INCONTOURNABLES

MON PLAN DU JOUR

Planifier les tâches importantes

7.00

8.00

9.00

10.00

11.00

12.00

13.00

14.00

15.00

16.00

17.00

18.00

19.00

BILAN DE MA JOURNEE

Ai-je réussi à terminer mes objectifs ? Pourquoi ?

Quelle est la priorité de demain ?

MON RAYON DE SOLEIL

MON KIF DU JOUR :

POUR QUI/QUOI SUIS-JE RECONNAISSANT ? (Ici et Maintenant)

DATE	⏱ HEURE	📍 LIEU

MON HUMEUR

POURQUOI JE ME SENS COMME CA ?

POUR ME SENTIR MIEUX JE PEUX...

MES OBJECTIFS :

QUELS SONT MES OBJECTIFS **PRO** DU JOUR

▪

▪

QUELS SONT MES OBJECTIFS **PERSO** DU JOUR

▪

▪

QUEL EST LE CRAPAUD A AVALER AUJOURD'HUI
(La tâche la plus importante et souvent la plus difficile à faire en premier dans la journée)

Aujourd'hui j'arrête de travailler à :

LES INCONTOURNABLES

MON PLAN DU JOUR

Planifier les tâches importantes

7.00

8.00

9.00

10.00

11.00

12.00

13.00

14.00

15.00

16.00

17.00

18.00

19.00

BILAN DE MA JOURNEE

Ai-je réussi à terminer mes objectifs ? Pourquoi ?

Quelle est la priorité de demain ?

MON RAYON DE SOLEIL

MON KIF DU JOUR :

POUR QUI/QUOI SUIS-JE RECONNAISSANT ? (Ici et Maintenant)

ZONE LIBRE

Utilise cette zone pour une prise de notes, pour laisser aller ton côté créatif ou pour exprimer ton état d'esprit

MON HUMEUR

POURQUOI JE ME SENS COMME CA ?

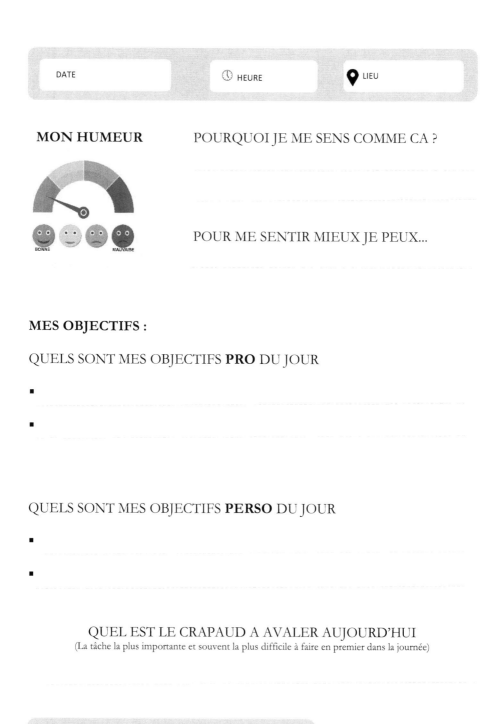

BONNE   MAUVAISE

POUR ME SENTIR MIEUX JE PEUX...

MES OBJECTIFS :

QUELS SONT MES OBJECTIFS **PRO** DU JOUR

-
-

QUELS SONT MES OBJECTIFS **PERSO** DU JOUR

-
-

QUEL EST LE CRAPAUD A AVALER AUJOURD'HUI

(La tâche la plus importante et souvent la plus difficile à faire en premier dans la journée)

Aujourd'hui j'arrête de travailler à :

LES INCONTOURNABLES

MON PLAN DU JOUR

Planifier les tâches importantes

7.00

8.00

9.00

10.00

11.00

12.00

13.00

14.00

15.00

16.00

17.00

18.00

19.00

BILAN DE MA JOURNEE

Ai-je réussi à terminer mes objectifs ? Pourquoi ?

Quelle est la priorité de demain ?

MON RAYON DE SOLEIL

MON KIF DU JOUR :

POUR QUI/QUOI SUIS-JE RECONNAISSANT ? (Ici et Maintenant)

DATE	⏲ HEURE	📍 LIEU

MON HUMEUR

POURQUOI JE ME SENS COMME CA ?

BONNE   MAUVAISE

POUR ME SENTIR MIEUX JE PEUX...

MES OBJECTIFS :

QUELS SONT MES OBJECTIFS **PRO** DU JOUR

-
-

QUELS SONT MES OBJECTIFS **PERSO** DU JOUR

-
-

QUEL EST LE CRAPAUD A AVALER AUJOURD'HUI
(La tâche la plus importante et souvent la plus difficile à faire en premier dans la journée)

Aujourd'hui j'arrête de travailler à :

LES INCONTOURNABLES

MON PLAN DU JOUR

Planifier les tâches importantes

7.00

8.00

9.00

10.00

11.00

12.00

13.00

14.00

15.00

16.00

17.00

18.00

19.00

BILAN DE MA JOURNEE

Ai-je réussi à terminer mes objectifs ? Pourquoi ?

Quelle est la priorité de demain ?

MON RAYON DE SOLEIL

MON KIF DU JOUR :

POUR QUI/QUOI SUIS-JE RECONNAISSANT ? (Ici et Maintenant)

DATE	🕐 HEURE	📍 LIEU

MON HUMEUR

POURQUOI JE ME SENS COMME CA ?

POUR ME SENTIR MIEUX JE PEUX...

MES OBJECTIFS :

QUELS SONT MES OBJECTIFS **PRO** DU JOUR

-
-

QUELS SONT MES OBJECTIFS **PERSO** DU JOUR

-
-

QUEL EST LE CRAPAUD A AVALER AUJOURD'HUI
(La tâche la plus importante et souvent la plus difficile à faire en premier dans la journée)

Aujourd'hui j'arrête de travailler à :

LES INCONTOURNABLES

MON PLAN DU JOUR

Planifier les tâches importantes

7.00

8.00

9.00

10.00

11.00

12.00

13.00

14.00

15.00

16.00

17.00

18.00

19.00

BILAN DE MA JOURNEE

Ai-je réussi à terminer mes objectifs ? Pourquoi ?

Quelle est la priorité de demain ?

MON RAYON DE SOLEIL

MON KIF DU JOUR :

POUR QUI/QUOI SUIS-JE RECONNAISSANT ? (Ici et Maintenant)

DATE	⏱ HEURE	📍 LIEU

MON HUMEUR

POURQUOI JE ME SENS COMME CA ?

BONNE   MAUVAISE

POUR ME SENTIR MIEUX JE PEUX...

MES OBJECTIFS :

QUELS SONT MES OBJECTIFS **PRO** DU JOUR

-
-

QUELS SONT MES OBJECTIFS **PERSO** DU JOUR

-
-

QUEL EST LE CRAPAUD A AVALER AUJOURD'HUI

(La tâche la plus importante et souvent la plus difficile à faire en premier dans la journée)

Aujourd'hui j'arrête de travailler à :

LES INCONTOURNABLES

MON PLAN DU JOUR

Planifier les tâches importantes

7.00

8.00

9.00

10.00

11.00

12.00

13.00

14.00

15.00

16.00

17.00

18.00

19.00

BILAN DE MA JOURNEE

Ai-je réussi à terminer mes objectifs ? Pourquoi ?

Quelle est la priorité de demain ?

MON RAYON DE SOLEIL

MON KIF DU JOUR :

POUR QUI/QUOI SUIS-JE RECONNAISSANT ? (Ici et Maintenant)

MON HUMEUR

BONNE   MAUVAISE

POURQUOI JE ME SENS COMME CA ?

POUR ME SENTIR MIEUX JE PEUX...

MES OBJECTIFS :

QUELS SONT MES OBJECTIFS **PRO** DU JOUR

-
-

QUELS SONT MES OBJECTIFS **PERSO** DU JOUR

-
-

QUEL EST LE CRAPAUD A AVALER AUJOURD'HUI
(La tâche la plus importante et souvent la plus difficile à faire en premier dans la journée)

Aujourd'hui j'arrête de travailler à :

Fais que cette journée compte

LES INCONTOURNABLES	MON PLAN DU JOUR

Planifier les tâches importantes

7.00

8.00

9.00

10.00

11.00

12.00

13.00

14.00

15.00

16.00

17.00

18.00

19.00

BILAN DE MA JOURNEE

Ai-je réussi à terminer mes objectifs ? Pourquoi ?

Quelle est la priorité de demain ?

MON RAYON DE SOLEIL

MON KIF DU JOUR :

POUR QUI/QUOI SUIS-JE RECONNAISSANT ? (Ici et Maintenant)

ZONE LIBRE

Utilise cette zone pour une prise de notes, pour laisser aller ton côté créatif ou pour exprimer ton état d'esprit

Fais que cette journée compte

DATE	🕐 HEURE	📍 LIEU

MON HUMEUR

POURQUOI JE ME SENS COMME CA ?

POUR ME SENTIR MIEUX JE PEUX...

MES OBJECTIFS :

QUELS SONT MES OBJECTIFS **PRO** DU JOUR

▪

▪

QUELS SONT MES OBJECTIFS **PERSO** DU JOUR

▪

▪

QUEL EST LE CRAPAUD A AVALER AUJOURD'HUI
(La tâche la plus importante et souvent la plus difficile à faire en premier dans la journée)

Aujourd'hui j'arrête de travailler à :

LES INCONTOURNABLES	MON PLAN DU JOUR

Planifier les tâches importantes

7.00

8.00

9.00

10.00

11.00

12.00

13.00

14.00

15.00

16.00

17.00

18.00

19.00

BILAN DE MA JOURNEE

Ai-je réussi à terminer mes objectifs ? Pourquoi ?

Quelle est la priorité de demain ?

MON RAYON DE SOLEIL

MON KIF DU JOUR :

POUR QUI/QUOI SUIS-JE RECONNAISSANT ? (Ici et Maintenant)

DATE	HEURE	LIEU

MON HUMEUR

BONNE   MAUVAISE

POURQUOI JE ME SENS COMME CA ?

POUR ME SENTIR MIEUX JE PEUX...

MES OBJECTIFS :

QUELS SONT MES OBJECTIFS **PRO** DU JOUR

-
-

QUELS SONT MES OBJECTIFS **PERSO** DU JOUR

-
-

QUEL EST LE CRAPAUD A AVALER AUJOURD'HUI
(La tâche la plus importante et souvent la plus difficile à faire en premier dans la journée)

Aujourd'hui j'arrête de travailler à :

Fais que cette journée compte

LES INCONTOURNABLES

MON PLAN DU JOUR

Planifier les tâches importantes

7.00

8.00

9.00

10.00

11.00

12.00

13.00

14.00

15.00

16.00

17.00

18.00

19.00

BILAN DE MA JOURNEE

Ai-je réussi à terminer mes objectifs ? Pourquoi ?

Quelle est la priorité de demain ?

MON RAYON DE SOLEIL

MON KIF DU JOUR :

POUR QUI/QUOI SUIS-JE RECONNAISSANT ? (Ici et Maintenant)

MON HUMEUR

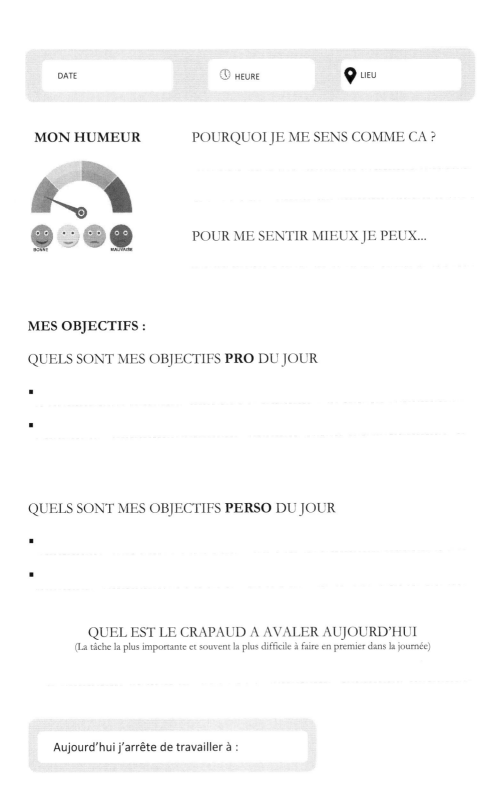

POURQUOI JE ME SENS COMME CA ?

POUR ME SENTIR MIEUX JE PEUX...

MES OBJECTIFS :

QUELS SONT MES OBJECTIFS **PRO** DU JOUR

-

-

QUELS SONT MES OBJECTIFS **PERSO** DU JOUR

-

-

QUEL EST LE CRAPAUD A AVALER AUJOURD'HUI
(La tâche la plus importante et souvent la plus difficile à faire en premier dans la journée)

Aujourd'hui j'arrête de travailler à :

LES INCONTOURNABLES	MON PLAN DU JOUR

Planifier les tâches importantes

7.00

8.00

9.00

10.00

11.00

12.00

13.00

14.00

15.00

16.00

17.00

18.00

19.00

BILAN DE MA JOURNEE

Ai-je réussi à terminer mes objectifs ? Pourquoi ?

Quelle est la priorité de demain ?

MON RAYON DE SOLEIL

MON KIF DU JOUR :

POUR QUI/QUOI SUIS-JE RECONNAISSANT ? (Ici et Maintenant)

DATE	HEURE	LIEU

MON HUMEUR

POURQUOI JE ME SENS COMME CA ?

POUR ME SENTIR MIEUX JE PEUX...

MES OBJECTIFS :

QUELS SONT MES OBJECTIFS **PRO** DU JOUR

-

-

QUELS SONT MES OBJECTIFS **PERSO** DU JOUR

-

-

QUEL EST LE CRAPAUD A AVALER AUJOURD'HUI

(La tâche la plus importante et souvent la plus difficile à faire en premier dans la journée)

Aujourd'hui j'arrête de travailler à :

LES INCONTOURNABLES

MON PLAN DU JOUR

Planifier les tâches importantes

7.00

8.00

9.00

10.00

11.00

12.00

13.00

14.00

15.00

16.00

17.00

18.00

19.00

BILAN DE MA JOURNEE

Ai-je réussi à terminer mes objectifs ? Pourquoi ?

Quelle est la priorité de demain ?

MON RAYON DE SOLEIL

MON KIF DU JOUR :

POUR QUI/QUOI SUIS-JE RECONNAISSANT ? (Ici et Maintenant)

MON HUMEUR

POURQUOI JE ME SENS COMME CA ?

BONNE   MAUVAISE

POUR ME SENTIR MIEUX JE PEUX...

MES OBJECTIFS :

QUELS SONT MES OBJECTIFS **PRO** DU JOUR

-
-

QUELS SONT MES OBJECTIFS **PERSO** DU JOUR

-
-

QUEL EST LE CRAPAUD A AVALER AUJOURD'HUI
(La tâche la plus importante et souvent la plus difficile à faire en premier dans la journée)

Aujourd'hui j'arrête de travailler à :

Fais que cette journée compte

LES INCONTOURNABLES	MON PLAN DU JOUR

Planifier les tâches importantes

7.00

8.00

9.00

10.00

11.00

12.00

13.00

14.00

15.00

16.00

17.00

18.00

19.00

BILAN DE MA JOURNEE

Ai-je réussi à terminer mes objectifs ? Pourquoi ?

Quelle est la priorité de demain ?

MON RAYON DE SOLEIL

MON KIF DU JOUR :

POUR QUI/QUOI SUIS-JE RECONNAISSANT ? (Ici et Maintenant)

ZONE LIBRE

Utilise cette zone pour une prise de notes, pour laisser aller ton côté créatif ou pour exprimer ton état d'esprit

Fais que cette journée compte

MON HUMEUR   POURQUOI JE ME SENS COMME CA ?

POUR ME SENTIR MIEUX JE PEUX...

MES OBJECTIFS :

QUELS SONT MES OBJECTIFS **PRO** DU JOUR

-
-

QUELS SONT MES OBJECTIFS **PERSO** DU JOUR

-
-

QUEL EST LE CRAPAUD A AVALER AUJOURD'HUI

(La tâche la plus importante et souvent la plus difficile à faire en premier dans la journée)

Aujourd'hui j'arrête de travailler à :

LES INCONTOURNABLES

MON PLAN DU JOUR

Planifier les tâches importantes

7.00

8.00

9.00

10.00

11.00

12.00

13.00

14.00

15.00

16.00

17.00

18.00

19.00

BILAN DE MA JOURNEE

Ai-je réussi à terminer mes objectifs ? Pourquoi ?

Quelle est la priorité de demain ?

MON RAYON DE SOLEIL

MON KIF DU JOUR :

POUR QUI/QUOI SUIS-JE RECONNAISSANT ? (Ici et Maintenant)

MON HUMEUR

POURQUOI JE ME SENS COMME CA ?

BONNE   MAUVAISE

POUR ME SENTIR MIEUX JE PEUX...

MES OBJECTIFS :

QUELS SONT MES OBJECTIFS **PRO** DU JOUR

-

-

QUELS SONT MES OBJECTIFS **PERSO** DU JOUR

-

-

QUEL EST LE CRAPAUD A AVALER AUJOURD'HUI

(La tâche la plus importante et souvent la plus difficile à faire en premier dans la journée)

Aujourd'hui j'arrête de travailler à :

LES INCONTOURNABLES

MON PLAN DU JOUR

Planifier les tâches importantes

7.00

8.00

9.00

10.00

11.00

12.00

13.00

14.00

15.00

16.00

17.00

18.00

19.00

BILAN DE MA JOURNEE

Ai-je réussi à terminer mes objectifs ? Pourquoi ?

Quelle est la priorité de demain ?

MON RAYON DE SOLEIL

MON KIF DU JOUR :

POUR QUI/QUOI SUIS-JE RECONNAISSANT ? (Ici et Maintenant)

DATE	⏱ HEURE	📍 LIEU

MON HUMEUR

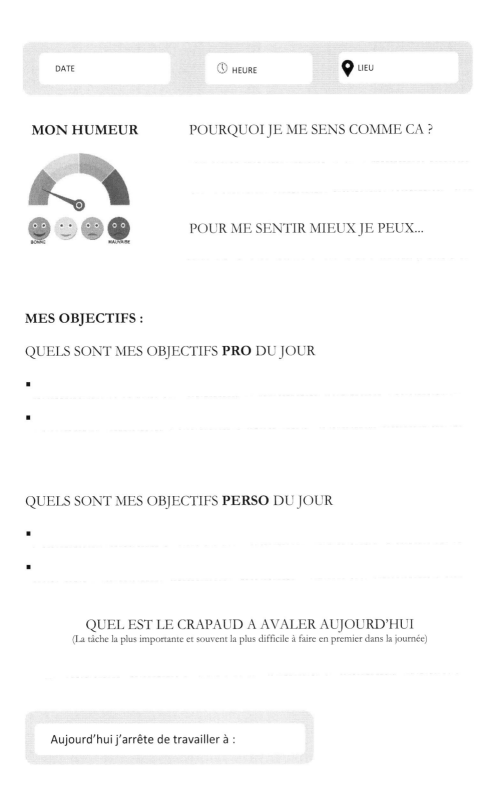

BONNE   MAUVAISE

POURQUOI JE ME SENS COMME CA ?

POUR ME SENTIR MIEUX JE PEUX...

MES OBJECTIFS :

QUELS SONT MES OBJECTIFS **PRO** DU JOUR

-
-

QUELS SONT MES OBJECTIFS **PERSO** DU JOUR

-
-

QUEL EST LE CRAPAUD A AVALER AUJOURD'HUI
(La tâche la plus importante et souvent la plus difficile à faire en premier dans la journée)

Aujourd'hui j'arrête de travailler à :

LES INCONTOURNABLES

MON PLAN DU JOUR

Planifier les tâches importantes

7.00

8.00

9.00

10.00

11.00

12.00

13.00

14.00

15.00

16.00

17.00

18.00

19.00

BILAN DE MA JOURNEE

Ai-je réussi à terminer mes objectifs ? Pourquoi ?

Quelle est la priorité de demain ?

MON RAYON DE SOLEIL

MON KIF DU JOUR :

POUR QUI/QUOI SUIS-JE RECONNAISSANT ? (Ici et Maintenant)

MON HUMEUR

POURQUOI JE ME SENS COMME CA ?

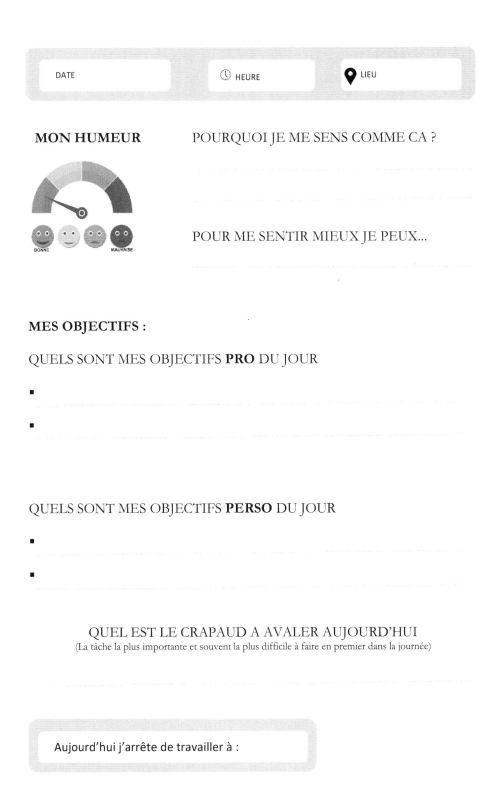

POUR ME SENTIR MIEUX JE PEUX...

MES OBJECTIFS :

QUELS SONT MES OBJECTIFS **PRO** DU JOUR

-
-

QUELS SONT MES OBJECTIFS **PERSO** DU JOUR

-
-

QUEL EST LE CRAPAUD A AVALER AUJOURD'HUI
(La tâche la plus importante et souvent la plus difficile à faire en premier dans la journée)

Aujourd'hui j'arrête de travailler à :

LES INCONTOURNABLES

MON PLAN DU JOUR

Planifier les tâches importantes

7.00

8.00

9.00

10.00

11.00

12.00

13.00

14.00

15.00

16.00

17.00

18.00

19.00

BILAN DE MA JOURNEE

Ai-je réussi à terminer mes objectifs ? Pourquoi ?

Quelle est la priorité de demain ?

MON RAYON DE SOLEIL

MON KIF DU JOUR :

POUR QUI/QUOI SUIS-JE RECONNAISSANT ? (Ici et Maintenant)

DATE	🕐 HEURE	📍 LIEU

MON HUMEUR

BONNE   MAUVAISE

POURQUOI JE ME SENS COMME CA ?

POUR ME SENTIR MIEUX JE PEUX...

MES OBJECTIFS :

QUELS SONT MES OBJECTIFS **PRO** DU JOUR

-
-

QUELS SONT MES OBJECTIFS **PERSO** DU JOUR

-
-

QUEL EST LE CRAPAUD A AVALER AUJOURD'HUI
(La tâche la plus importante et souvent la plus difficile à faire en premier dans la journée)

Aujourd'hui j'arrête de travailler à :

LES INCONTOURNABLES

MON PLAN DU JOUR

Planifier les tâches importantes

7.00

8.00

9.00

10.00

11.00

12.00

13.00

14.00

15.00

16.00

17.00

18.00

19.00

BILAN DE MA JOURNEE

Ai-je réussi à terminer mes objectifs ? Pourquoi ?

Quelle est la priorité de demain ?

MON RAYON DE SOLEIL

MON KIF DU JOUR :

POUR QUI/QUOI SUIS-JE RECONNAISSANT ? (Ici et Maintenant)

ZONE LIBRE

Utilise cette zone pour une prise de notes, pour laisser aller ton côté créatif ou pour exprimer ton état d'esprit

Fais que cette journée compte

ON NE LÂCHE RIEN !

3 CHOSES QUI PEUVENT CHANGER TA VIE :

- NE REPONDS JAMAIS LORSQUE TU ES EN COLERE
- NE FAIS JAMAIS DE PROMESSE LORSQUE TU ES TRES HEUREUX
- NE PRENDS JAMAIS DE DECISION LORSQUE TU ES TRISTE

PLAN DU MOIS

CE MOIS-CI MON OBJECTIF PRINCIPAL POUR MA VIE **PERSO :**

-

-

EN QUOI C'EST IMPORTANT POUR MOI ?

QUELLES SONT LES ACTIONS CLÉS A RÉALISER?

-

-

CE MOIS-CI MON OBJECTIF PRINCIPAL POUR MA VIE **PRO :**

-

-

EN QUOI C'EST IMPORTANT POUR MOI ?

QUELLES SONT LES ACTIONS CLÉS A RÉALISER?

-

-

MON HUMEUR   POURQUOI JE ME SENS COMME CA ?

POUR ME SENTIR MIEUX JE PEUX...

MES OBJECTIFS :

QUELS SONT MES OBJECTIFS **PRO** DU JOUR

-
-

QUELS SONT MES OBJECTIFS **PERSO** DU JOUR

-
-

QUEL EST LE CRAPAUD A AVALER AUJOURD'HUI
(La tâche la plus importante et souvent la plus difficile à faire en premier dans la journée)

Aujourd'hui j'arrête de travailler à :

Fais que cette journée compte

LES INCONTOURNABLES	MON PLAN DU JOUR

Planifier les tâches importantes

7.00

8.00

9.00

10.00

11.00

12.00

13.00

14.00

15.00

16.00

17.00

18.00

19.00

BILAN DE MA JOURNEE

Ai-je réussi à terminer mes objectifs ? Pourquoi ?

Quelle est la priorité de demain ?

MON RAYON DE SOLEIL

MON KIF DU JOUR :

POUR QUI/QUOI SUIS-JE RECONNAISSANT ? (Ici et Maintenant)

MON HUMEUR

BONNE   MAUVAISE

POURQUOI JE ME SENS COMME CA ?

POUR ME SENTIR MIEUX JE PEUX...

MES OBJECTIFS :

QUELS SONT MES OBJECTIFS **PRO** DU JOUR

-
-

QUELS SONT MES OBJECTIFS **PERSO** DU JOUR

-
-

QUEL EST LE CRAPAUD A AVALER AUJOURD'HUI

(La tâche la plus importante et souvent la plus difficile à faire en premier dans la journée)

Aujourd'hui j'arrête de travailler à :

LES INCONTOURNABLES

MON PLAN DU JOUR

Planifier les tâches importantes

7.00

8.00

9.00

10.00

11.00

12.00

13.00

14.00

15.00

16.00

17.00

18.00

19.00

BILAN DE MA JOURNEE

Ai-je réussi à terminer mes objectifs ? Pourquoi ?

Quelle est la priorité de demain ?

MON RAYON DE SOLEIL

MON KIF DU JOUR :

POUR QUI/QUOI SUIS-JE RECONNAISSANT ? (Ici et Maintenant)

MON HUMEUR

POURQUOI JE ME SENS COMME CA ?

POUR ME SENTIR MIEUX JE PEUX...

MES OBJECTIFS :

QUELS SONT MES OBJECTIFS **PRO** DU JOUR

-
-

QUELS SONT MES OBJECTIFS **PERSO** DU JOUR

-
-

QUEL EST LE CRAPAUD A AVALER AUJOURD'HUI
(La tâche la plus importante et souvent la plus difficile à faire en premier dans la journée)

Aujourd'hui j'arrête de travailler à :

LES INCONTOURNABLES

MON PLAN DU JOUR

Planifier les tâches importantes

7.00

8.00

9.00

10.00

11.00

12.00

13.00

14.00

15.00

16.00

17.00

18.00

19.00

BILAN DE MA JOURNEE

Ai-je réussi à terminer mes objectifs ? Pourquoi ?

Quelle est la priorité de demain ?

MON RAYON DE SOLEIL

MON KIF DU JOUR :

POUR QUI/QUOI SUIS-JE RECONNAISSANT ? (Ici et Maintenant)

MON HUMEUR

POURQUOI JE ME SENS COMME CA ?

BONNE   MAUVAISE

POUR ME SENTIR MIEUX JE PEUX...

MES OBJECTIFS :

QUELS SONT MES OBJECTIFS **PRO** DU JOUR

-
-

QUELS SONT MES OBJECTIFS **PERSO** DU JOUR

-
-

QUEL EST LE CRAPAUD A AVALER AUJOURD'HUI
(La tâche la plus importante et souvent la plus difficile à faire en premier dans la journée)

Aujourd'hui j'arrête de travailler à :

130

LES INCONTOURNABLES	MON PLAN DU JOUR

Planifier les tâches importantes

7.00

8.00

9.00

10.00

11.00

12.00

13.00

14.00

15.00

16.00

17.00

18.00

19.00

BILAN DE MA JOURNEE

Ai-je réussi à terminer mes objectifs ? Pourquoi ?

Quelle est la priorité de demain ?

MON RAYON DE SOLEIL

MON KIF DU JOUR :

POUR QUI/QUOI SUIS-JE RECONNAISSANT ? (Ici et Maintenant)

DATE	HEURE	● LIEU

MON HUMEUR

POURQUOI JE ME SENS COMME CA ?

POUR ME SENTIR MIEUX JE PEUX...

MES OBJECTIFS :

QUELS SONT MES OBJECTIFS **PRO** DU JOUR

-
-

QUELS SONT MES OBJECTIFS **PERSO** DU JOUR

-
-

QUEL EST LE CRAPAUD A AVALER AUJOURD'HUI

(La tâche la plus importante et souvent la plus difficile à faire en premier dans la journée)

Aujourd'hui j'arrête de travailler à :

Fais que cette journée compte

LES INCONTOURNABLES

MON PLAN DU JOUR

Planifier les tâches importantes

7.00

8.00

9.00

10.00

11.00

12.00

13.00

14.00

15.00

16.00

17.00

18.00

19.00

BILAN DE MA JOURNEE

Ai-je réussi à terminer mes objectifs ? Pourquoi ?

Quelle est la priorité de demain ?

MON RAYON DE SOLEIL

MON KIF DU JOUR :

POUR QUI/QUOI SUIS-JE RECONNAISSANT ? (Ici et Maintenant)

ZONE LIBRE

Utilise cette zone pour une prise de notes, pour laisser aller ton côté créatif ou pour exprimer ton état d'esprit

MON HUMEUR

POURQUOI JE ME SENS COMME CA ?

BONNE   MAUVAISE

POUR ME SENTIR MIEUX JE PEUX...

MES OBJECTIFS :

QUELS SONT MES OBJECTIFS **PRO** DU JOUR

-

-

QUELS SONT MES OBJECTIFS **PERSO** DU JOUR

-

-

QUEL EST LE CRAPAUD A AVALER AUJOURD'HUI
(La tâche la plus importante et souvent la plus difficile à faire en premier dans la journée)

Aujourd'hui j'arrête de travailler à :

LES INCONTOURNABLES	MON PLAN DU JOUR

Planifier les tâches importantes

7.00

8.00

9.00

10.00

11.00

12.00

13.00

14.00

15.00

16.00

17.00

18.00

19.00

BILAN DE MA JOURNEE

Ai-je réussi à terminer mes objectifs ? Pourquoi ?

Quelle est la priorité de demain ?

MON RAYON DE SOLEIL

MON KIF DU JOUR :

POUR QUI/QUOI SUIS-JE RECONNAISSANT ? (Ici et Maintenant)

MON HUMEUR

POURQUOI JE ME SENS COMME CA ?

POUR ME SENTIR MIEUX JE PEUX...

MES OBJECTIFS :

QUELS SONT MES OBJECTIFS **PRO** DU JOUR

-
-

QUELS SONT MES OBJECTIFS **PERSO** DU JOUR

-
-

QUEL EST LE CRAPAUD A AVALER AUJOURD'HUI
(La tâche la plus importante et souvent la plus difficile à faire en premier dans la journée)

Aujourd'hui j'arrête de travailler à :

LES INCONTOURNABLES

MON PLAN DU JOUR

Planifier les tâches importantes

7.00

8.00

9.00

10.00

11.00

12.00

13.00

14.00

15.00

16.00

17.00

18.00

19.00

BILAN DE MA JOURNEE

Ai-je réussi à terminer mes objectifs ? Pourquoi ?

Quelle est la priorité de demain ?

MON RAYON DE SOLEIL

MON KIF DU JOUR :

POUR QUI/QUOI SUIS-JE RECONNAISSANT ? (Ici et Maintenant)

MON HUMEUR

POURQUOI JE ME SENS COMME CA ?

BONNE   MAUVAISE

POUR ME SENTIR MIEUX JE PEUX...

MES OBJECTIFS :

QUELS SONT MES OBJECTIFS **PRO** DU JOUR

-

-

QUELS SONT MES OBJECTIFS **PERSO** DU JOUR

-

-

QUEL EST LE CRAPAUD A AVALER AUJOURD'HUI

(La tâche la plus importante et souvent la plus difficile à faire en premier dans la journée)

Aujourd'hui j'arrête de travailler à :

LES INCONTOURNABLES

MON PLAN DU JOUR

Planifier les tâches importantes

7.00

8.00

9.00

10.00

11.00

12.00

13.00

14.00

15.00

16.00

17.00

18.00

19.00

BILAN DE MA JOURNEE

Ai-je réussi à terminer mes objectifs ? Pourquoi ?

Quelle est la priorité de demain ?

MON RAYON DE SOLEIL

MON KIF DU JOUR :

POUR QUI/QUOI SUIS-JE RECONNAISSANT ? (Ici et Maintenant)

DATE	🕐 HEURE	📍 LIEU

MON HUMEUR

POURQUOI JE ME SENS COMME CA ?

POUR ME SENTIR MIEUX JE PEUX...

MES OBJECTIFS :

QUELS SONT MES OBJECTIFS **PRO** DU JOUR

-
-

QUELS SONT MES OBJECTIFS **PERSO** DU JOUR

-
-

QUEL EST LE CRAPAUD A AVALER AUJOURD'HUI
(La tâche la plus importante et souvent la plus difficile à faire en premier dans la journée)

Aujourd'hui j'arrête de travailler à :

LES INCONTOURNABLES

MON PLAN DU JOUR

Planifier les tâches importantes

7.00

8.00

9.00

10.00

11.00

12.00

13.00

14.00

15.00

16.00

17.00

18.00

19.00

BILAN DE MA JOURNEE

Ai-je réussi à terminer mes objectifs ? Pourquoi ?

Quelle est la priorité de demain ?

MON RAYON DE SOLEIL

MON KIF DU JOUR :

POUR QUI/QUOI SUIS-JE RECONNAISSANT ? (Ici et Maintenant)

MON HUMEUR

POURQUOI JE ME SENS COMME CA ?

BONNE · · · · MAUVAISE

POUR ME SENTIR MIEUX JE PEUX...

MES OBJECTIFS :

QUELS SONT MES OBJECTIFS **PRO** DU JOUR

■

■

QUELS SONT MES OBJECTIFS **PERSO** DU JOUR

■

■

QUEL EST LE CRAPAUD A AVALER AUJOURD'HUI

(La tâche la plus importante et souvent la plus difficile à faire en premier dans la journée)

Aujourd'hui j'arrête de travailler à :

LES INCONTOURNABLES	MON PLAN DU JOUR

Planifier les tâches importantes

7.00

8.00

9.00

10.00

11.00

12.00

13.00

14.00

15.00

16.00

17.00

18.00

19.00

BILAN DE MA JOURNEE

Ai-je réussi à terminer mes objectifs ? Pourquoi ?

Quelle est la priorité de demain ?

MON RAYON DE SOLEIL

MON KIF DU JOUR :

POUR QUI/QUOI SUIS-JE RECONNAISSANT ? (Ici et Maintenant)

ZONE LIBRE

Utilise cette zone pour une prise de notes, pour laisser aller ton côté créatif ou pour exprimer ton état d'esprit

Fais que cette journée compte

MON HUMEUR   POURQUOI JE ME SENS COMME CA ?

POUR ME SENTIR MIEUX JE PEUX...

MES OBJECTIFS :

QUELS SONT MES OBJECTIFS **PRO** DU JOUR

-

-

QUELS SONT MES OBJECTIFS **PERSO** DU JOUR

-

-

QUEL EST LE CRAPAUD A AVALER AUJOURD'HUI
(La tâche la plus importante et souvent la plus difficile à faire en premier dans la journée)

Aujourd'hui j'arrête de travailler à :

LES INCONTOURNABLES	MON PLAN DU JOUR

Planifier les tâches importantes

7.00

8.00

9.00

10.00

11.00

12.00

13.00

14.00

15.00

16.00

17.00

18.00

19.00

BILAN DE MA JOURNEE

Ai-je réussi à terminer mes objectifs ? Pourquoi ?

Quelle est la priorité de demain ?

MON RAYON DE SOLEIL

MON KIF DU JOUR :

POUR QUI/QUOI SUIS-JE RECONNAISSANT ? (Ici et Maintenant)

MON HUMEUR

POURQUOI JE ME SENS COMME CA ?

POUR ME SENTIR MIEUX JE PEUX...

MES OBJECTIFS :

QUELS SONT MES OBJECTIFS **PRO** DU JOUR

-
-

QUELS SONT MES OBJECTIFS **PERSO** DU JOUR

-
-

QUEL EST LE CRAPAUD A AVALER AUJOURD'HUI

(La tâche la plus importante et souvent la plus difficile à faire en premier dans la journée)

Aujourd'hui j'arrête de travailler à :

LES INCONTOURNABLES

MON PLAN DU JOUR

Planifier les tâches importantes

7.00

8.00

9.00

10.00

11.00

12.00

13.00

14.00

15.00

16.00

17.00

18.00

19.00

BILAN DE MA JOURNEE

Ai-je réussi à terminer mes objectifs ? Pourquoi ?

Quelle est la priorité de demain ?

MON RAYON DE SOLEIL

MON KIF DU JOUR :

POUR QUI/QUOI SUIS-JE RECONNAISSANT ? (Ici et Maintenant)

MON HUMEUR

POURQUOI JE ME SENS COMME CA ?

POUR ME SENTIR MIEUX JE PEUX...

MES OBJECTIFS :

QUELS SONT MES OBJECTIFS **PRO** DU JOUR

-
-

QUELS SONT MES OBJECTIFS **PERSO** DU JOUR

-
-

QUEL EST LE CRAPAUD A AVALER AUJOURD'HUI

(La tâche la plus importante et souvent la plus difficile à faire en premier dans la journée)

Aujourd'hui j'arrête de travailler à :

LES INCONTOURNABLES

MON PLAN DU JOUR

Planifier les tâches importantes

7.00

8.00

9.00

10.00

11.00

12.00

13.00

14.00

15.00

16.00

17.00

18.00

19.00

BILAN DE MA JOURNEE

Ai-je réussi à terminer mes objectifs ? Pourquoi ?

Quelle est la priorité de demain ?

MON RAYON DE SOLEIL

MON KIF DU JOUR :

POUR QUI/QUOI SUIS-JE RECONNAISSANT ? (Ici et Maintenant)

MON HUMEUR

POURQUOI JE ME SENS COMME CA ?

POUR ME SENTIR MIEUX JE PEUX...

MES OBJECTIFS :

QUELS SONT MES OBJECTIFS **PRO** DU JOUR

-
-

QUELS SONT MES OBJECTIFS **PERSO** DU JOUR

-
-

QUEL EST LE CRAPAUD A AVALER AUJOURD'HUI
(La tâche la plus importante et souvent la plus difficile à faire en premier dans la journée)

Aujourd'hui j'arrête de travailler à :

154

LES INCONTOURNABLES

MON PLAN DU JOUR

Planifier les tâches importantes

7.00

8.00

9.00

10.00

11.00

12.00

13.00

14.00

15.00

16.00

17.00

18.00

19.00

BILAN DE MA JOURNEE

Ai-je réussi à terminer mes objectifs ? Pourquoi ?

Quelle est la priorité de demain ?

MON RAYON DE SOLEIL

MON KIF DU JOUR :

POUR QUI/QUOI SUIS-JE RECONNAISSANT ? (Ici et Maintenant)

MON HUMEUR   POURQUOI JE ME SENS COMME CA ?

BONNE   MAUVAISE

POUR ME SENTIR MIEUX JE PEUX...

MES OBJECTIFS :

QUELS SONT MES OBJECTIFS **PRO** DU JOUR

-
-

QUELS SONT MES OBJECTIFS **PERSO** DU JOUR

-
-

QUEL EST LE CRAPAUD A AVALER AUJOURD'HUI

(La tâche la plus importante et souvent la plus difficile à faire en premier dans la journée)

Aujourd'hui j'arrête de travailler à :

LES INCONTOURNABLES	MON PLAN DU JOUR

Planifier les tâches importantes

7.00

8.00

9.00

10.00

11.00

12.00

13.00

14.00

15.00

16.00

17.00

18.00

19.00

BILAN DE MA JOURNEE

Ai-je réussi à terminer mes objectifs ? Pourquoi ?

Quelle est la priorité de demain ?

MON RAYON DE SOLEIL

MON KIF DU JOUR :

POUR QUI/QUOI SUIS-JE RECONNAISSANT ? (Ici et Maintenant)

ZONE LIBRE

Utilise cette zone pour une prise de notes, pour laisser aller ton côté créatif ou pour exprimer ton état d'esprit

Fais que cette journée compte

DATE	🕐 HEURE	📍 LIEU

MON HUMEUR

POURQUOI JE ME SENS COMME CA ?

POUR ME SENTIR MIEUX JE PEUX...

MES OBJECTIFS :

QUELS SONT MES OBJECTIFS **PRO** DU JOUR

-
-

QUELS SONT MES OBJECTIFS **PERSO** DU JOUR

-
-

QUEL EST LE CRAPAUD A AVALER AUJOURD'HUI
(La tâche la plus importante et souvent la plus difficile à faire en premier dans la journée)

Aujourd'hui j'arrête de travailler à :

LES INCONTOURNABLES

MON PLAN DU JOUR

Planifier les tâches importantes

7.00

8.00

9.00

10.00

11.00

12.00

13.00

14.00

15.00

16.00

17.00

18.00

19.00

BILAN DE MA JOURNEE

Ai-je réussi à terminer mes objectifs ? Pourquoi ?

Quelle est la priorité de demain ?

MON RAYON DE SOLEIL

MON KIF DU JOUR :

POUR QUI/QUOI SUIS-JE RECONNAISSANT ? (Ici et Maintenant)

MON HUMEUR

POURQUOI JE ME SENS COMME CA ?

BONNE   MAUVAISE

POUR ME SENTIR MIEUX JE PEUX...

MES OBJECTIFS :

QUELS SONT MES OBJECTIFS **PRO** DU JOUR

-
-

QUELS SONT MES OBJECTIFS **PERSO** DU JOUR

-
-

QUEL EST LE CRAPAUD A AVALER AUJOURD'HUI
(La tâche la plus importante et souvent la plus difficile à faire en premier dans la journée)

Aujourd'hui j'arrête de travailler à :

LES INCONTOURNABLES

MON PLAN DU JOUR

Planifier les tâches importantes

7.00

8.00

9.00

10.00

11.00

12.00

13.00

14.00

15.00

16.00

17.00

18.00

19.00

BILAN DE MA JOURNEE

Ai-je réussi à terminer mes objectifs ? Pourquoi ?

Quelle est la priorité de demain ?

MON RAYON DE SOLEIL

MON KIF DU JOUR :

POUR QUI/QUOI SUIS-JE RECONNAISSANT ? (Ici et Maintenant)

MON HUMEUR

POURQUOI JE ME SENS COMME CA ?

BONNE   MAUVAISE

POUR ME SENTIR MIEUX JE PEUX...

MES OBJECTIFS :

QUELS SONT MES OBJECTIFS **PRO** DU JOUR

-

-

QUELS SONT MES OBJECTIFS **PERSO** DU JOUR

-

-

QUEL EST LE CRAPAUD A AVALER AUJOURD'HUI
(La tâche la plus importante et souvent la plus difficile à faire en premier dans la journée)

Aujourd'hui j'arrête de travailler à :

| LES INCONTOURNABLES | MON PLAN DU JOUR |

Planifier les tâches importantes

7.00

8.00

9.00

10.00

11.00

12.00

13.00

14.00

15.00

16.00

17.00

18.00

19.00

BILAN DE MA JOURNEE

Ai-je réussi à terminer mes objectifs ? Pourquoi ?

Quelle est la priorité de demain ?

MON RAYON DE SOLEIL

MON KIF DU JOUR :

POUR QUI/QUOI SUIS-JE RECONNAISSANT ? (Ici et Maintenant)

MON HUMEUR

POURQUOI JE ME SENS COMME CA ?

BONNE   MAUVAISE

POUR ME SENTIR MIEUX JE PEUX...

MES OBJECTIFS :

QUELS SONT MES OBJECTIFS **PRO** DU JOUR

-

-

QUELS SONT MES OBJECTIFS **PERSO** DU JOUR

-

-

QUEL EST LE CRAPAUD A AVALER AUJOURD'HUI

(La tâche la plus importante et souvent la plus difficile à faire en premier dans la journée)

Aujourd'hui j'arrête de travailler à :

166

LES INCONTOURNABLES

MON PLAN DU JOUR

Planifier les tâches importantes

7.00

8.00

9.00

10.00

11.00

12.00

13.00

14.00

15.00

16.00

17.00

18.00

19.00

BILAN DE MA JOURNEE

Ai-je réussi à terminer mes objectifs ? Pourquoi ?

Quelle est la priorité de demain ?

MON RAYON DE SOLEIL

MON KIF DU JOUR :

POUR QUI/QUOI SUIS-JE RECONNAISSANT ? (Ici et Maintenant)

MON HUMEUR

POURQUOI JE ME SENS COMME CA ?

BONNE   MAUVAISE

POUR ME SENTIR MIEUX JE PEUX...

MES OBJECTIFS :

QUELS SONT MES OBJECTIFS **PRO** DU JOUR

-
-

QUELS SONT MES OBJECTIFS **PERSO** DU JOUR

-
-

QUEL EST LE CRAPAUD A AVALER AUJOURD'HUI
(La tâche la plus importante et souvent la plus difficile à faire en premier dans la journée)

Aujourd'hui j'arrête de travailler à :

LES INCONTOURNABLES

MON PLAN DU JOUR

Planifier les tâches importantes

7.00

8.00

9.00

10.00

11.00

12.00

13.00

14.00

15.00

16.00

17.00

18.00

19.00

BILAN DE MA JOURNEE

Ai-je réussi à terminer mes objectifs ? Pourquoi ?

Quelle est la priorité de demain ?

MON RAYON DE SOLEIL

MON KIF DU JOUR :

POUR QUI/QUOI SUIS-JE RECONNAISSANT ? (Ici et Maintenant)

ZONE LIBRE

Utilise cette zone pour une prise de notes, pour laisser aller ton côté créatif ou pour exprimer ton état d'esprit

CITATION POUR TOI

LES PEURS QUE TU N'AFFRONTES PAS
DEVIENDRONT TES LIMITES

MON PENSE-BÊTE

Utilise ces rubriques pour noter des actions ou idées à réaliser dans un futur proche mais encore indéterminé.

SANTE

ALIMENTATION

ADMINISTRATION

MAISON

CADEAUX

HABITS

VACANCES

VOITURE

AUTRES

Fais que cette journée compte

Fais que cette journée compte

Printed in Great Britain
by Amazon